Impressum
Verlag: BABADADA GmbH, Nedderfeld 112 , 22529 Hamburg
Geschäftsführer / Verlagsleitung: Harald Hof
Druck: Books on Demand GmbH, In de Tarpen 42, 22848 Norderstedt

Imprint
Publisher: BABADADA GmbH, Nedderfeld 112 , 22529 Hamburg, Germany
Managing Director / Publishing direction: Harald Hof
Print: Books on Demand GmbH, In de Tarpen 42, 22848 Norderstedt, Germany

学校

škola

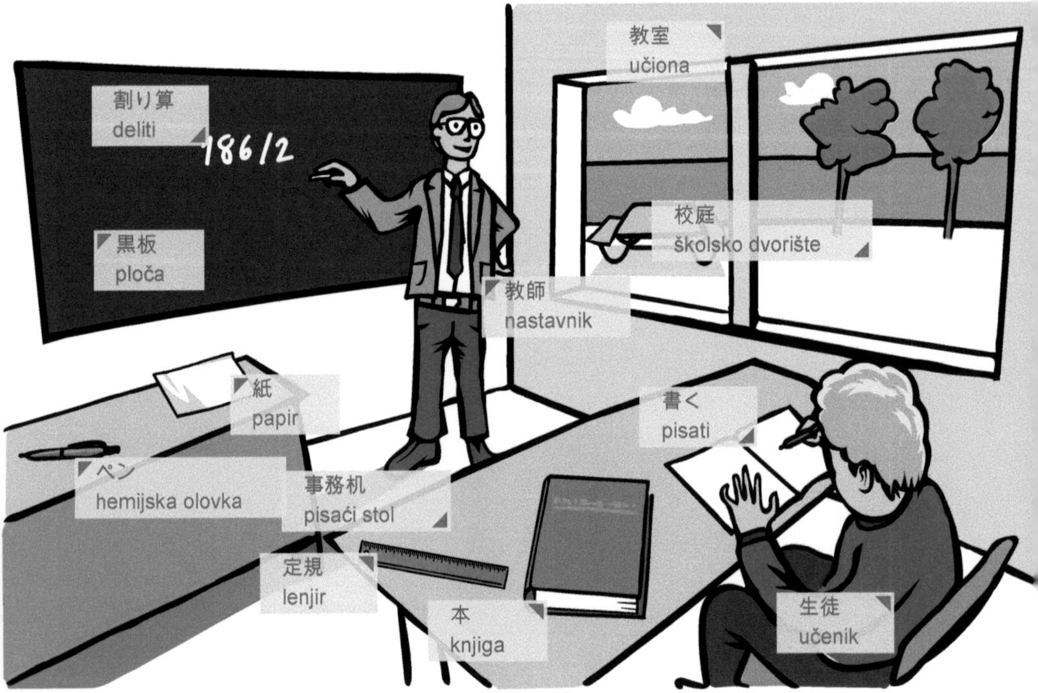
教室
učiona
割り算
deliti
186/2
黒板
ploča
校庭
školsko dvorište
教師
nastavnik
紙
papir
書く
pisati
ペン
hemijska olovka
事務机
pisaći stol
定規
lenjir
本
knjiga
生徒
učenik

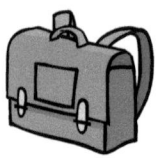

ランドセル

torba

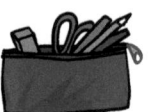

筆入れ

pernica

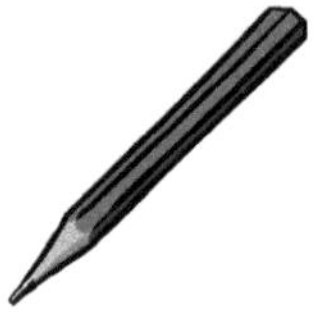

鉛筆

grafitna olovka

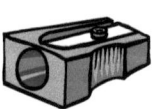

鉛筆削り

šiljilo za olovke

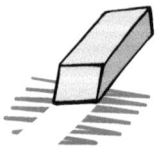

消しゴム

gumica za brisanje

スケッチブック

blok za crtanje

スケッチ
crtež

絵筆
kist

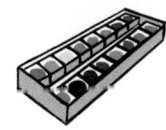

絵の具箱
kutija sa bojama

はさみ
makaze

接着剤
lepilo

練習帳
beležnica

宿題
domaći zadatak

12

数
broj

2+2

足し算
sabirati

5-2

引き算
oduzimati

2×2

かけ算
množiti

計算する
računati

A

文字
slovo

ABCDEFG
HIJKLMN
OPQRSTU
VWXYZ

アルファベット
abeceda

hello

単語
reč

テキスト

tekst

読む

čitati

チョーク

kreda

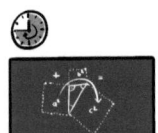

授業

čas

学級日誌

dnevnik

試験

ispit

通知表

svedočanstvo

制服

školska uniforma

教育

obrazovanje

百科事典

leksikon

大学

univerzitet

顕微鏡

mikroskop

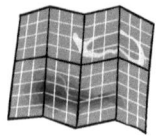

地図

karta

ごみ箱

košara za papir

旅行
putovanje

ホテル
hotel
Grand
ホステル
prenoćište
ROOMS
両替所
menjačnica
EXCHANGE
スーツケース
kofer
自動車
auto

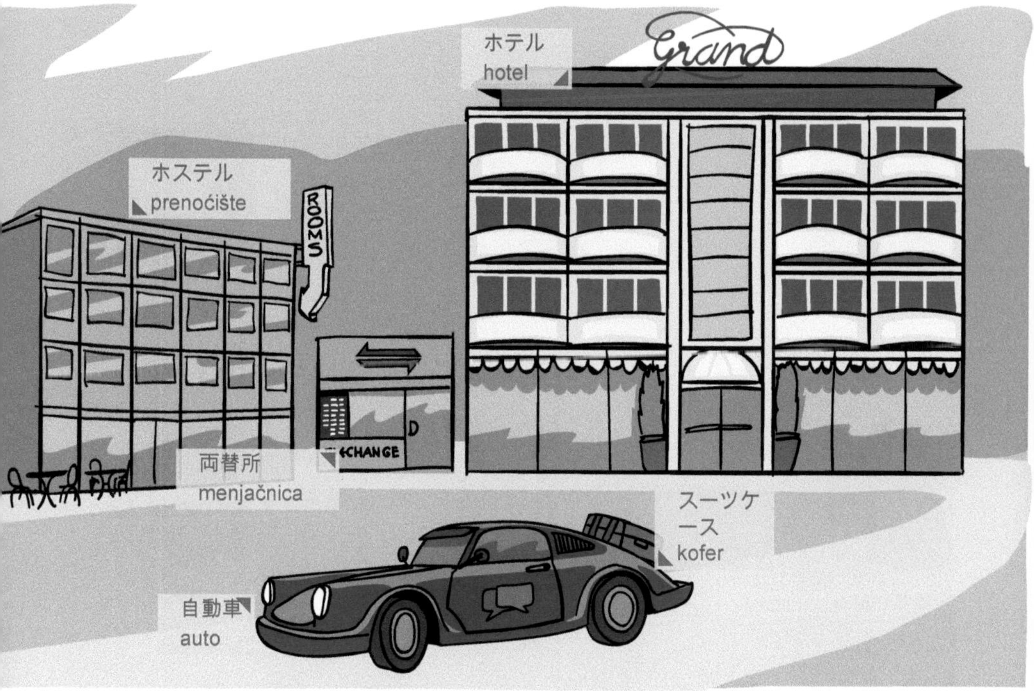

言語
jezik

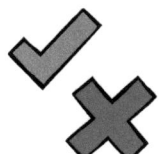

はい / いいえ
da / ne

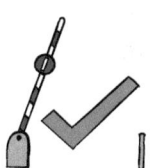

問題ない
okej

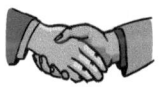

ハロー
zdravo

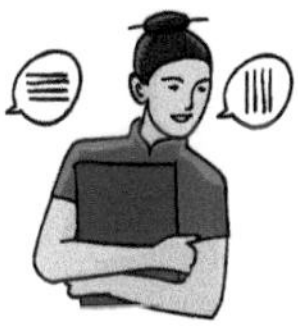

翻訳者
prevodilac

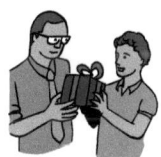

ありがとう
hvala

…はいくらですか？

Koliko košta...?

わかりません

ne razumem

問題

problem

こんばんは！

dobro veče!

おはようございます！

Dobro jutro!

おやすみなさい！

Laku noć!

さようなら

doviđenja

方向

smer

手荷物

prtljaga

バッグ

torba

リュックサック

ruksak

お客様

gost

部屋

soba

寝袋

vreća za spavanje

テント

šator

旅行者情報

turističke informacije

ビーチ

plaža

クレジットカード

kreditna kartica

朝食

doručak

昼食

ručak

夕食

večera

チケット

karta za vožnju

エレベーター

lift

スタンプ

poštanska markica

境界

granica

税関

carina

大使館

ambasada

ビザ

viza

パスポート

pasoš

輸送

transport

飛行機
avion
船
brod
消防車
vatrogasno vozilo
バス
autobus
トラック
teretno vozilo
モーターボート
motorni čamac
自転車
bicikl
自動車
auto

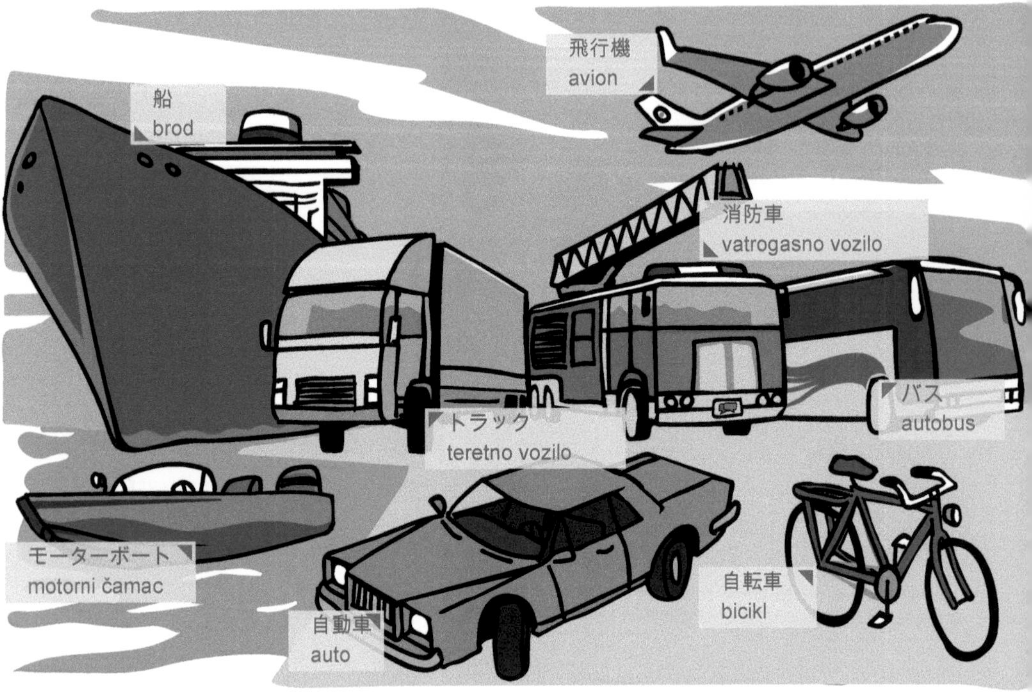

フェリー

trajekt

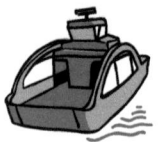

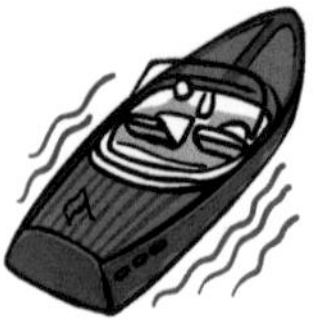

ボート

čamac

バイク

motocikl

パトカー

policijski auto

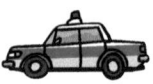

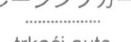

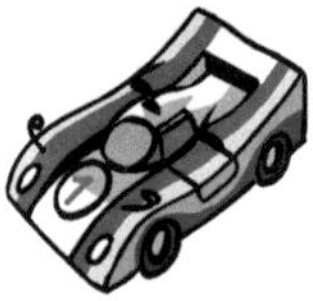

レーシングカー

trkaći auto

レンタカー

iznajmljeno auto

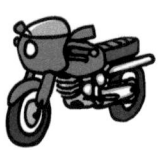

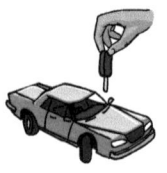

カーシェアリング

delenje automobila

レッカー車

vučno vozilo

ごみ収集車

vozilo za odvoz smeća

モーター

motor

燃料

benzın

ガソリンスタンド

benzinska stanica

交通標識

saobraćajni znak

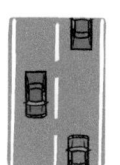

交通

saobraćaj

渋滞

zastoj

駐車場

parkiralište

駅

železnička stanica

道

šine

列車

voz

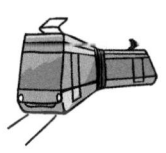

路面電車

tramvaj

車両

vagon

ヘリコプター

helikopter

空港

aerodrom

タワー

kula

乗客

putnik

コンテナ

kontejner

段ボール箱

karton

カート

kolica

カゴ

korpa

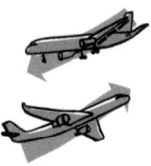

離陸 / 着陸

uzleteti / sleteti

都市

grad

村

selo

都心

centar grada

家

kuća

映画館
kino

宣伝
reklama

街灯
ulična svetiljka

通り
ulica

タクシー
taksi

歩行者
pešak

キオスク
kiosk

舗道
trotoar

交差点
raskrsnica

横断歩道
pešački prelaz

ゴミ箱
kontejner za otpad

信号
semafor

CINEMA

小屋
koliba

アパート
stan

駅
železnička stanica

市役所
većnica

美術館
muzej

学校
škola

大学

univerzitet

銀行

banka

病院

bolnica

ホテル

hotel

薬局

apoteka

オフィス

kancelarija

書店

knjižara

ショップ

prodavnica

花屋

cvećara

スーパーマーケット

supermarket

市場

trg

デパート

robna kuća

魚屋

ribarnica

ショッピングセンター

trgovački centar

港

luka

公園

park

ベンチ

klupa

橋

most

階段

stepenice

地下鉄

podzemna železnica

トンネル

tunel

バス停

autobuska stanica

バー

bar

レストラン

restoran

ポスト

poštansko sanduče

道路標識

ulični znak

パーキングメーター

parkirni automat

動物園

zoološki vrt

スイミングプール

bazen

モスク

džamija

都市 - grad

農場

seosko gazdinstvo

汚染

zagađenje okoline

墓地

groblje

教会

crkva

遊び場

igralište

寺

hram

風景

pejsaž

葉
list

道標
putokaz

道
put

草地
livada

石
kamen

木
drvo

ハイカー
šetač

川
reka

草
trava

花
cvijet

谷
dolina

山
planina

湖
jezero

森
šuma

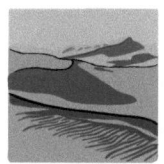

砂漠
pustinja

火山
vulkan

城
dvorac

虹
duga

キノコ
gljiva

ヤシの木
palma

蚊
moskito

ハエ
muva

蟻
mrav

ミツバチ
pčela

クモ
pauk

風景 - pejsaž

カブトムシ

buba

蛙

žaba

リス

veverica

ハリネズミ

jež

ウサギ

zec

フクロウ

sova

鳥

ptica

白鳥

labud

雄豚

divlja svinja

鹿

jelen

ヘラジカ

los

ダム

nasip

風力タービン

vetrenjača

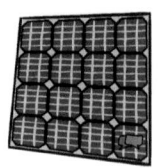

ソーラーパネル

solarna ploča

気候

klima

レストラン
restoran

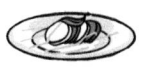

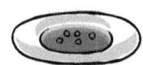

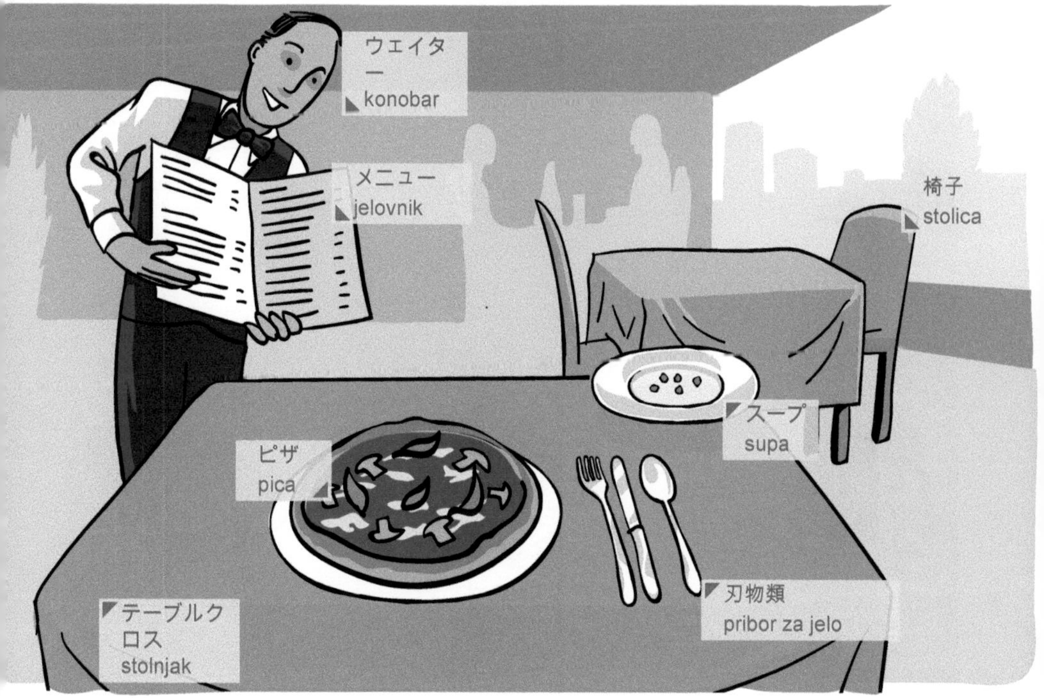
ウェイター
konobar
メニュー
jelovnik
椅子
stolica
スープ
supa
ピザ
pica
刃物類
pribor za jelo
テーブルクロス
stolnjak

前菜

predjelo

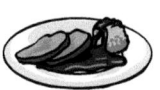

メインコース

glavno jelo

デザート

desert

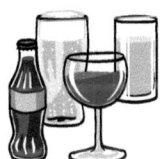

飲み物

napitci

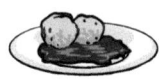

食べ物

jelo

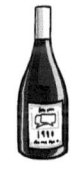

ボトル

flaša

ファストフード

brza hrana

屋台の食べ物

imbis hrana

ティーポット

čajnik

砂糖入れ

doza za šećer

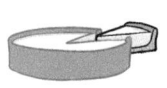

一人前

porcija

エスプレッソマシン

aparat za espresso

幼児用食事椅子

visoka stolica

請求書

račun

トレー

poslužavnik

ナイフ

nož

フォーク

viljuška

スプーン

kašika

ティースプーン

čajna kašika

ナプキン

salveta

グラス

čaša

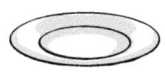

皿
tanjir

スープ皿
tanjir za supu

受け皿
tanjirić

ソース
sos

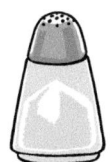

塩入れ
soljenka

ペッパーミル
mlin za biber

酢
sirće

油
ulje

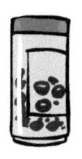

スパイス
začini

ケチャップ
kečap

マスタード
senf

マヨネーズ
majoneza

スーパーマーケット

supermarket

特価品
ponuda
FOR
顧客
kupac
乳製品
mlečni proizvodi
果物
voće
ショッピング・カート
kolica za kupovinu

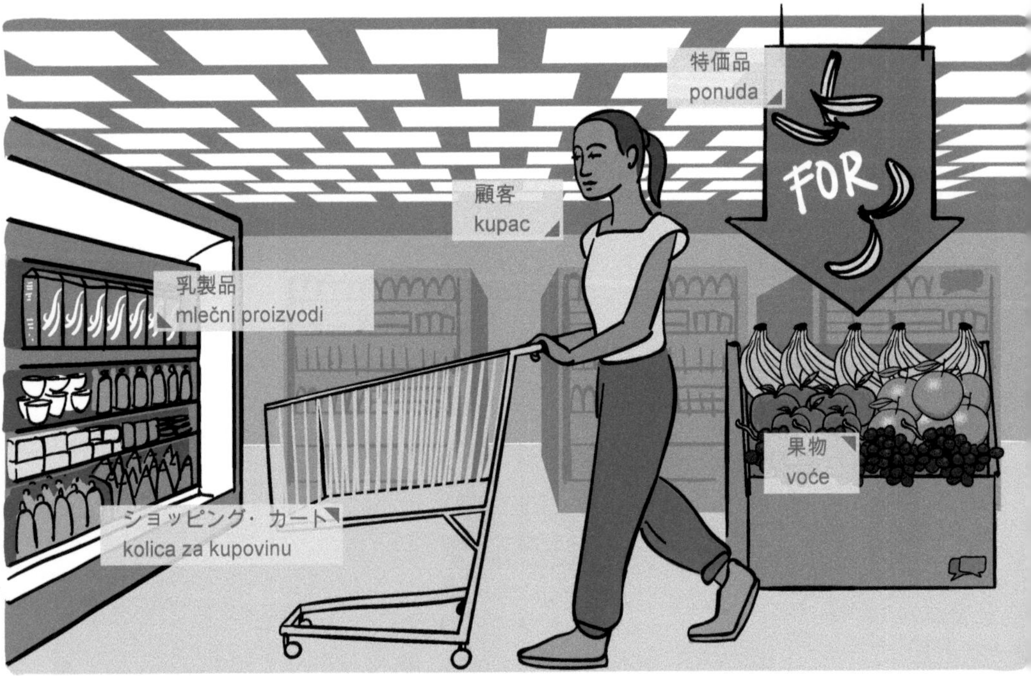

BUTCHERS

肉屋

mesnica

BAKERY

パン屋

pekara

重さをはかる

vagati

野菜

povrće

肉

meso

冷凍食品

smrznuta hrana

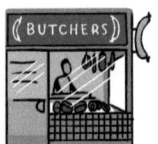

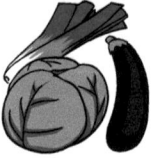

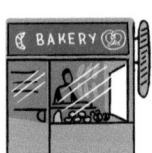

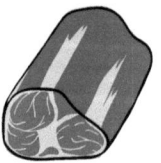

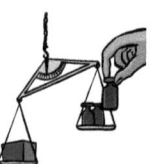

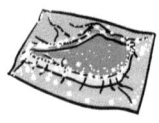

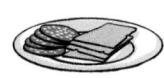

冷肉の薄切り
narezak

缶詰食品
konzerve

洗剤
sredstvo za pranje

菓子
slatkiši

家庭用品
artikli za domaćinstvo

清掃用品
sredstva za čišćenje

販売員
prodavačica

現金箱
blagajna

レジ係
blagajnik

買い物リスト
lista za kupovinu

開館時刻
vreme rada

財布
novčanik

クレジットカード
kreditna kartica

バッグ
torba

ポリ袋
plastična kesa

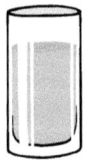

水

voda

ジュース

sok

牛乳

mleko

コーラ

kola

ワイン

vino

ビール

pivo

アルコール

alkohol

ココア

kakao

紅茶

čaj

コーヒー

kava

エスプレッソ

espresso

カプチーノ

cappuccino

バナナ

banana

リンゴ

jabuka

オレンジ

narandža

メロン

lubenica

レモン

limun

ニンジン

šargarepa

ニンニク

beli luk

竹

bambus

玉ねぎ

luk

キノコ

gljiva

ナッツ

orašasti plodovi

ヌードル

rezanci

スパゲッティ

špagete

米

riža

サラダ

salata

フライドポテト

pomfrit

フライドポテト

pečeni krumpir

ピザ

pica

ハンバーガー

hamburger

サンドウィッチ

sendvič

カツレツ

šnicla

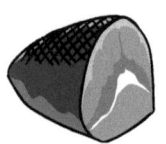

ハム

šunka

サラミ

salama

ソーセージ

kobasica

鶏肉

kokoš

焼き

pečenje

魚

riba

麦のお粥

zobene pahuljice

ムーズリ

musli

コーンフレーク

kukuruzne pahuljice

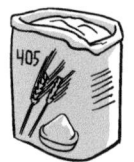

小麦粉

brašno

クロワッサン

kroasan

ロールパン

pecivo

パン

hleb

トースト

toast

ビスケット

keksi

バター

maslac

カッテージチーズ

sveži sir

ケーキ

kolač

卵

jaje

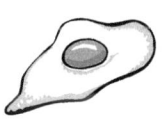

目玉焼き

jaje na oko

チーズ

sir

アイスクリーム

sladoled

砂糖

šećer

はちみつ

med

ジャム

marmelada

ヌガークリーム

nugat krema

カレー

kari

農場

seosko gazdinstvo

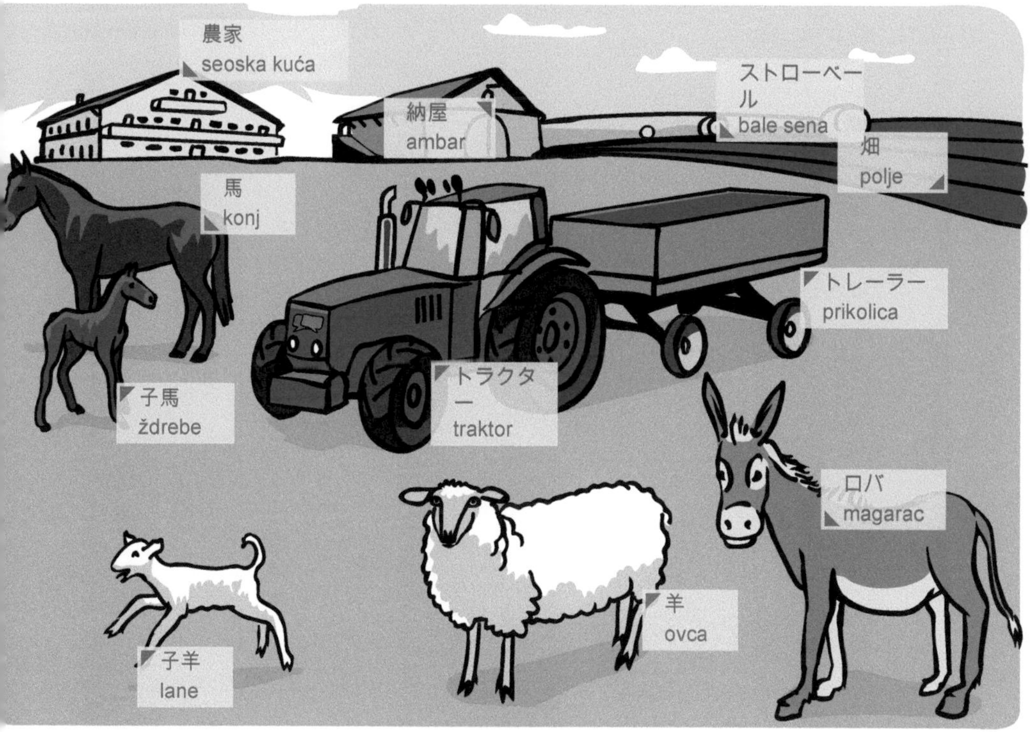
農家
seoska kuća
納屋
ambar
ストローベール
bale sena
畑
polje
馬
konj
トレーラー
prikolica
トラクター
traktor
子馬
ždrebe
ロバ
magarac
羊
ovca
子羊
lane

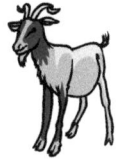

ヤギ

koza

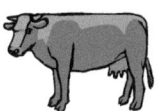

雌牛

krava

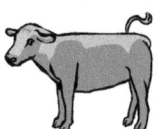

子牛

tele

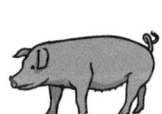

豚

svinja

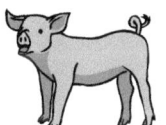

子豚

prase

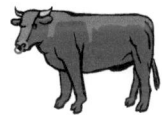

雄牛

bik

ガチョウ

guska

アヒル

patka

ひよこ

pilići

にわとり

kokoš

おんどり

petao

ネズミ

pacov

猫

mačka

ねずみ

miš

雄牛

vol

犬

pas

犬小屋

kućica za psa

散水ホース

vrtno crevo

じょうろ

kanta za polivanje

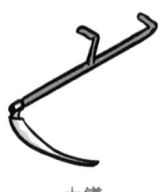

大鎌

kosa

すき

plug

草刈り鎌

srp

くわ

motika

堆肥用フォーク

viljuška za đubrivo

斧

sekira

手押し車

tačke

かいばおけ

korito

牛乳缶

posuda za mleko

袋

vreća

フェンス

ograda

畜舎

štala

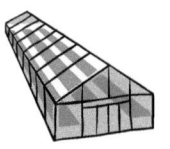

温室

staklenik

土壌

zemlja

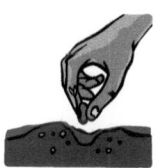

種

seme

肥料

đubrivo

コンバイン

kombajn

収穫する

žeti

収穫

žetva

ヤマイモ

jams začin

小麦

pšenica

大豆

soja

じゃがいも

krumpir

トウモロコシ

kukuruz

菜種

uljana repica

果樹

voćka

キャッサバ

gomolj manioke

穀物

žitarice

家

kuća

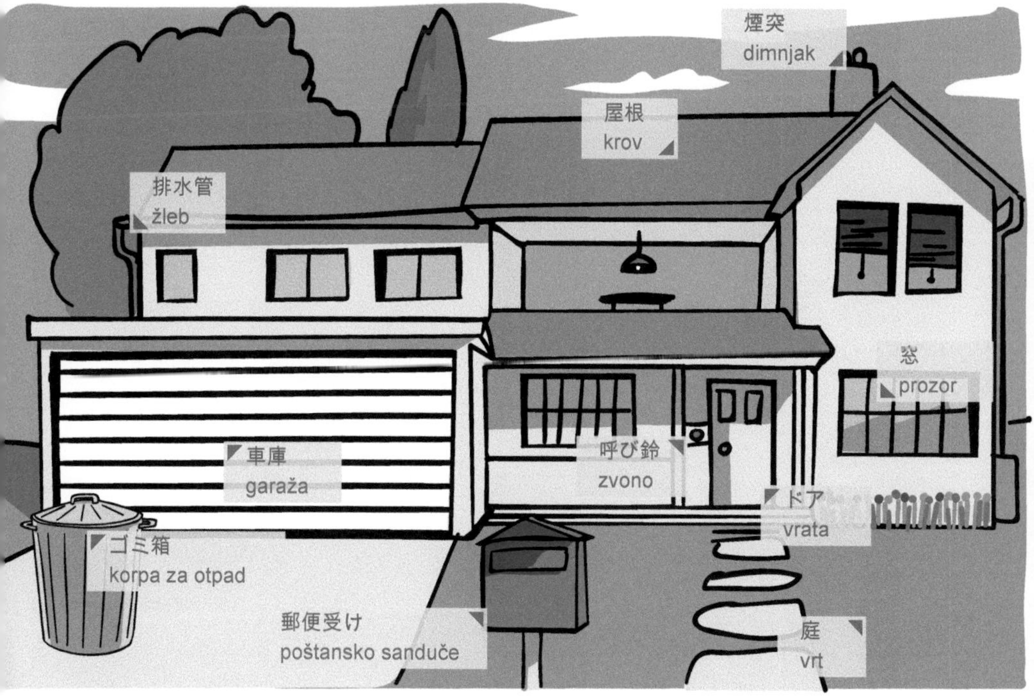

煙突
dimnjak
屋根
krov
排水管
žleb
窓
prozor
車庫
garaža
呼び鈴
zvono
ドア
vrata
ゴミ箱
korpa za otpad
郵便受け
poštansko sanduče
庭
vrt

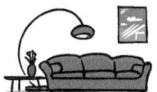

リビングルーム

dnevna soba

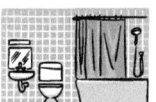

浴室

kupaonica

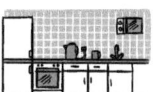

台所

kuhinja

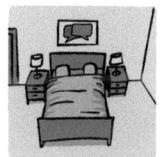

寝室

spavaća soba

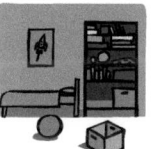

子供部屋

dečija soba

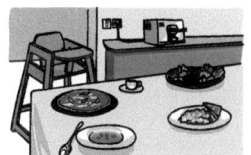

ダイニング・ルーム

trpezarija

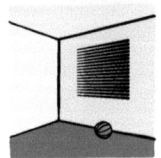

床
pod

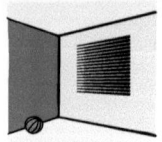

壁
zid

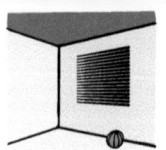

天井
strop

地下貯蔵庫
podrum

サウナ
sauna

バルコニー
balkon

テラス
terasa

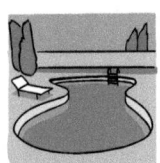

プール
bazen

芝刈り機
kosilica za travu

シーツ
posteljina za krevet

ベッドカバー
deka za krevet

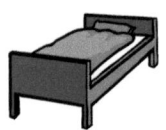

ベッド
krevet

ほうき
metla

バケツ
kanta

スイッチ
prekidač

リビングルーム

dnevna soba

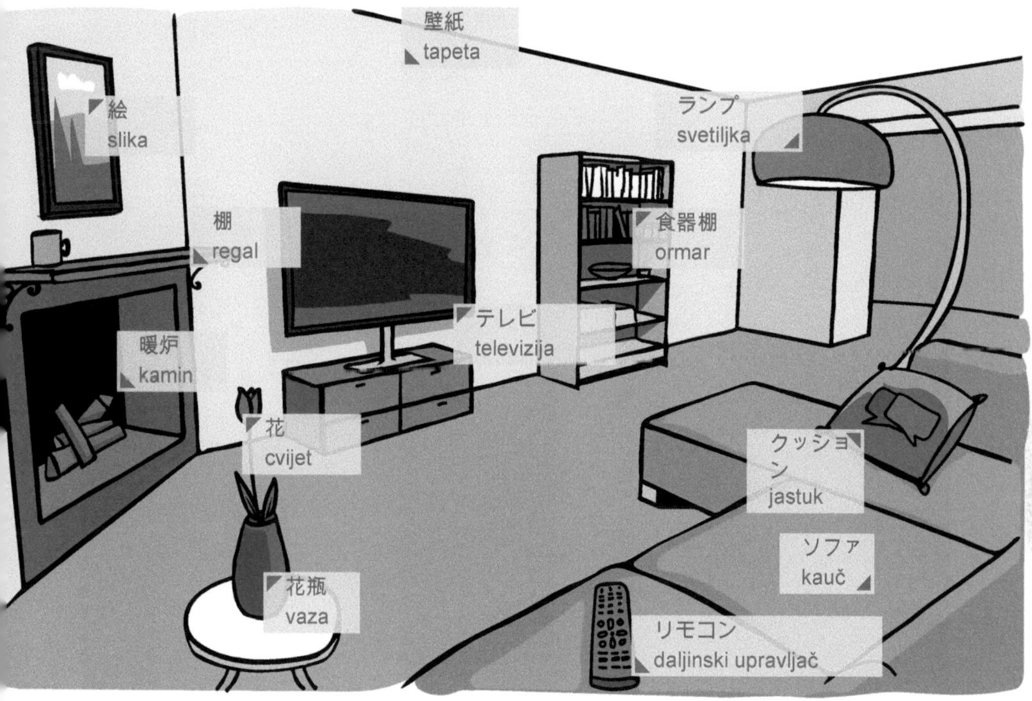
壁紙
tapeta
絵
slika
ランプ
svetiljka
棚
regal
食器棚
ormar
テレビ
televizija
暖炉
kamin
花
cvijet
クッション
jastuk
ソファ
kauč
花瓶
vaza
リモコン
daljinski upravljač

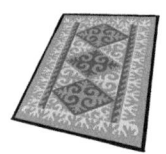

カーペット

tepih

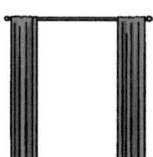

カーテン

zavesa

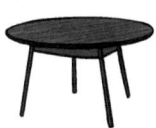

テーブル

sto

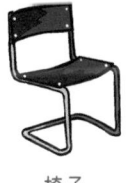

椅子

stolica

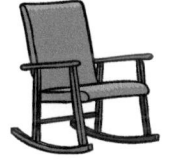

ロッキングチェア

stolica za njihanje

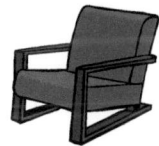

ひじ掛け椅子

fotelja

本

knjiga

毛布

deka

飾り

dekoracija

たきぎ

drvo za ogrev

映画

film

ステレオ

hi-fi uređaj

鍵

ključ

新聞

novine

絵画

slika na platnu

ポスター

poster

ラジオ

radio

メモ帳

blok za pisanje

掃除機

usisivač

サボテン

kaktus

ろうそく

sveća

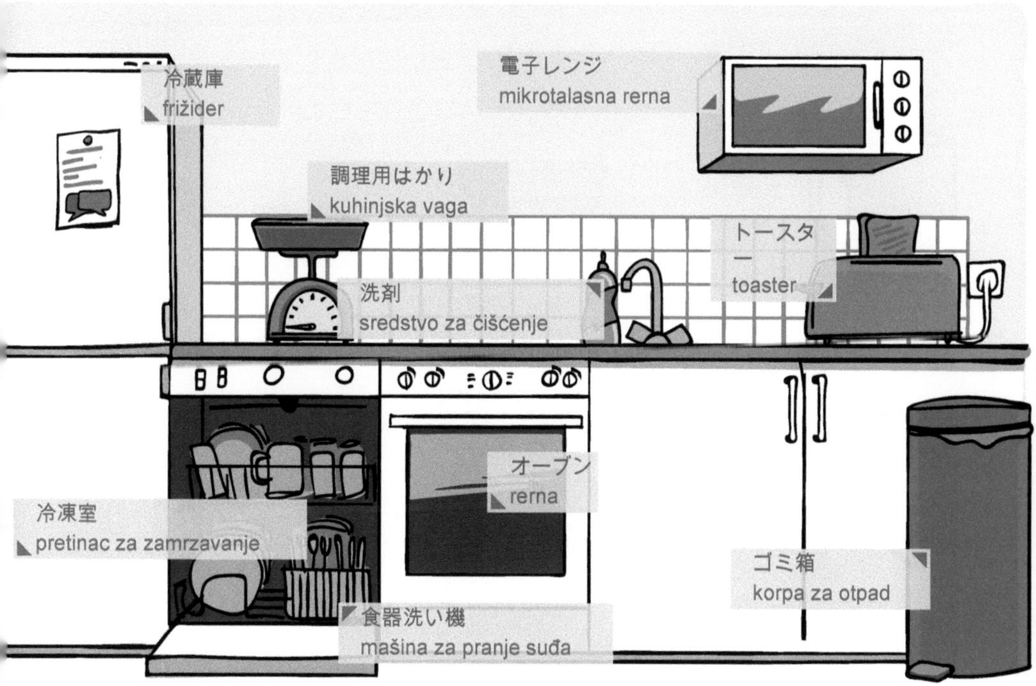

冷蔵庫
frižider

電子レンジ
mikrotalasna rerna

調理用はかり
kuhinjska vaga

トースター
toaster

洗剤
sredstvo za čišćenje

冷凍室
pretinac za zamrzavanje

オーブン
rerna

ゴミ箱
korpa za otpad

食器洗い機
mašina za pranje suđa

こんろ
šporet

鍋
lonac

鉄鍋
gvozdeni lonac

中華鍋/ カダイ鍋
wok / kadai

フライパン
tava

やかん
kuvalo za vodu

蒸し器

kuvalo na paru

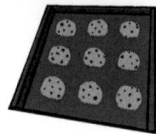

天板

lim za pečenje

食器

posuđe

マグカップ

čaša

ボウル

posuda

箸

štapići za jelo

おたま

kutlača

へら

lopatica

泡立て器

penjača

こし器

sito za kuvanje

ふるい

sito

すりおろし器

ribež

すり鉢

mužar

バーベキュー

roštilj

かまど

ognjište

まな板

daska

麺棒

oklagija

栓抜き

vadičep

缶

konzerva

缶切り

otvarač konzervi

鍋つかみ

krpa za lonac

流し

sudoper

ブラシ

četka

スポンジ

sunđer

ミキサー

mikser

冷凍庫

zamrzivač

哺乳瓶

flašica za bebe

蛇口

slavina za vodu

浴室

kupaonica

ヒーター
grejanje
タオル
peškir
泡風呂
penušava kupka
浴槽
kada
洗濯機
mašina za pranje veša
タイル
pločice
おまる
tuta
シャワー
tuš
シャワーカーテン
zavesa za tuš
グラス
čaša
蛇口
slavina za vodu
流し
sudoper

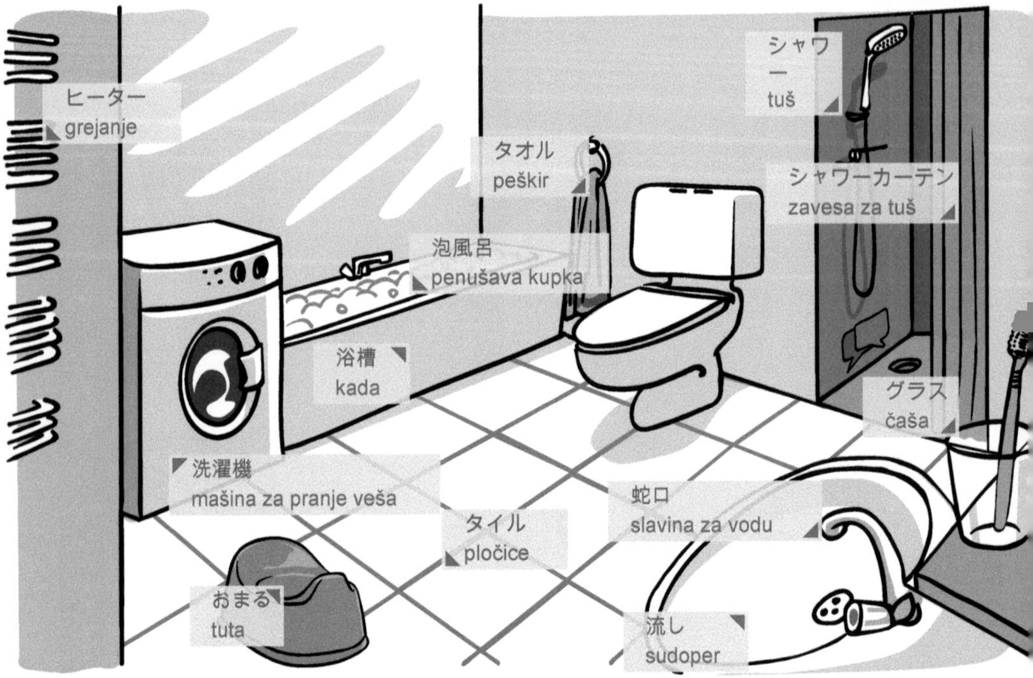

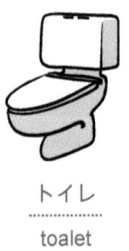

トイレ

toalet

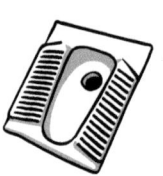

和式トイレ

čučavac

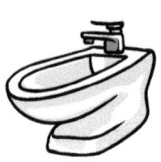

ビデ

bidet

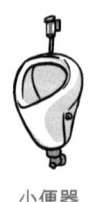

小便器

pisoar

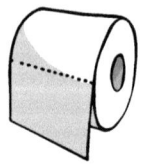

トイレットペーパー

toaletni papir

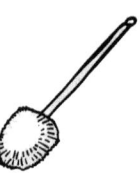

トイレブラシ

četka za toalet

歯ブラシ

četkica za zube

歯みがき

pasta za zube

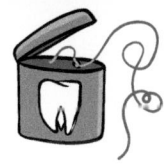

デンタルフロス

konac za zube

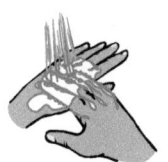

洗う

prati

シャワーヘッド

tuš ručica

ハンドビデ

tuš za pranje intimnih delova

洗面台

lavor

ボディブラシ

četka za pranje leđa

石鹸

sapun

シャワー用ジェル

gel za tuširanje

シャンプー

šampon

浴用タオル

krpa za pranje

排水口

odvod

クリーム

krema

消臭

dezodorans

鏡

ogledalo

手鏡

kozmetičko ogledalo

かみそり

brijač

シェービング・フォーム

pena za brijanje

アフターシェーブローショ

losion za posle brijanja

櫛

češalj

ブラシ

četka

ドライヤー

fen za kosu

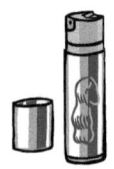

ヘアスプレー

sprej za kosu

化粧

makeup

口紅

ruž za usne

マニキュア

lak za nokte

脱脂綿

vata

爪切り

makaze za nokte

香水

parfem

洗面用具入れ

kozmetička torbica

スツール

stolica

体重計

vaga

バスローブ

ogrtač

ゴム手袋

rukavice za čišćenje

タンポン

tampon

生理用ナプキン

uložak

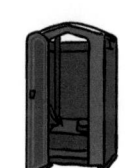

ケミカルトイレ

hemijski toalet

子供部屋

dečija soba

目覚まし時計
budilnik
ぬいぐるみ
plišana igračka
おもちゃの自動車
auto igračka
がらがら
zvečka
ドール・ハウス
kućica za lutke
プレゼント
poklon

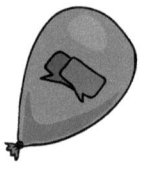

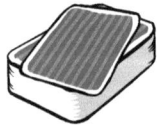

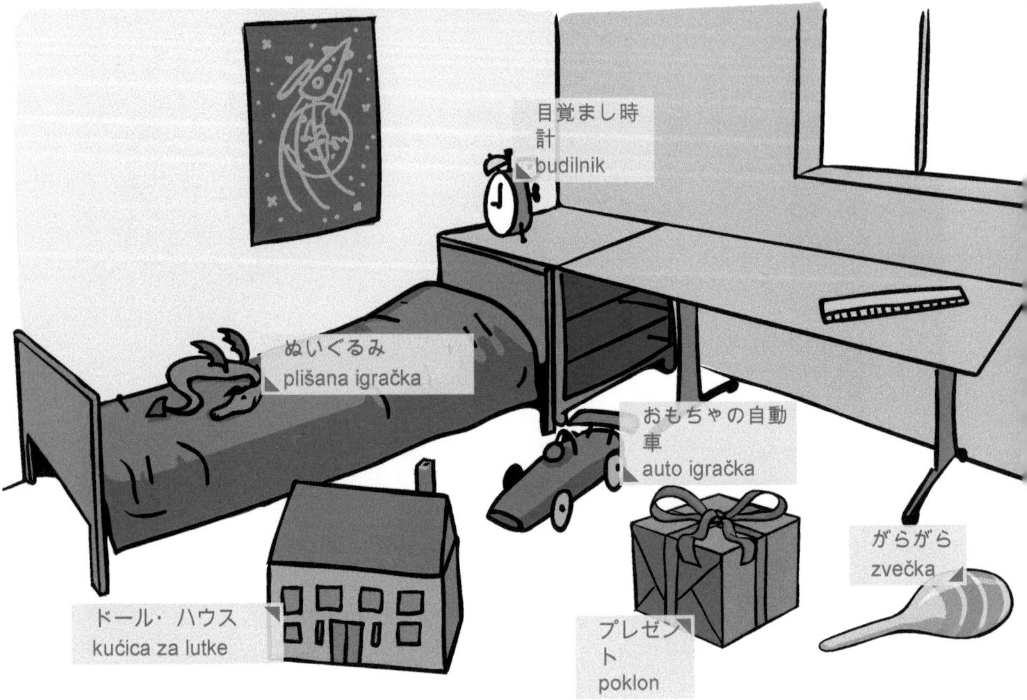

風船

balon

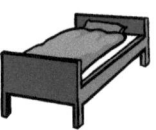

ベッド

krevet

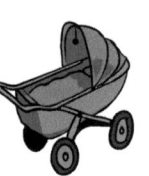

ベビーカー

dječija kolica

カードゲーム

igra s kartama

ジグソーパズル

slagalica

SUPER
MEGA

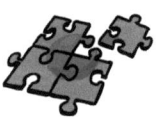

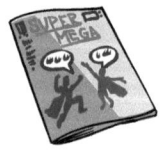

漫画

strip

レゴ

lego kockice

玩具ブロック

kockice za slaganje

アクションフィギュア

akcioni junak

ロンパース

benkica za bebe

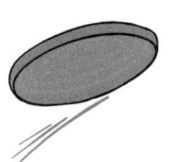

フリスビー

frizbı

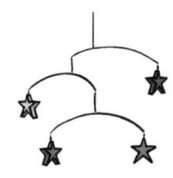

モバイル

viseće igračke

ボードゲーム

društvene igre

さいころ

kocka

鉄道模型

minijaturna željeznica

おしゃぶり

duda

パーティー

zabava

絵本

slikovnica

ボール

lopta

人形

lutka

遊ぶ

igrati

子供部屋 - dečija soba

砂場

pješčanik

ブランコ

ljuljačka

おもちゃ

igračka

ゲーム機

konzola za igre

三輪車

tricikl

テディベア

tedi

衣装ダンス

ormar

衣服

odeća

靴下

kratke čarape

ストッキング

čarape

タイツ

hulahopke

スカーフ
šal

雨傘
kišobran

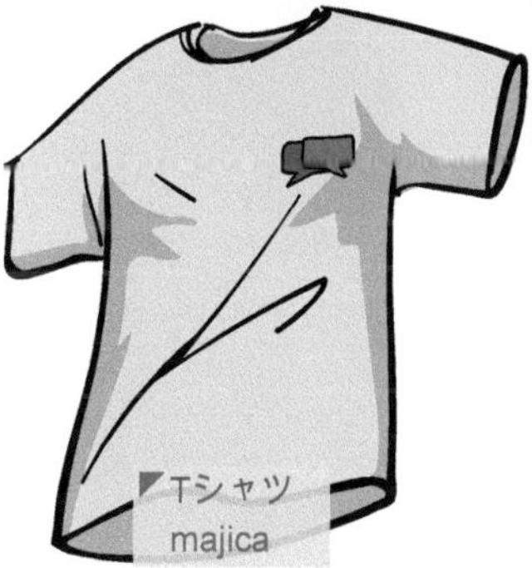

ベルト
kaiš

Tシャツ
majica

ブーツ
čizme

スリッパ
papuče

スニーカー
patike

サンダル	靴	ゴム長靴
sandale	cipele	gumene čizme

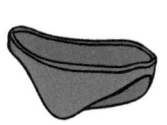

パンツ	ブラ	ベスト
gaćice	grudnjak	potkošulja

ボディースーツ

bodi

ズボン

pantalone

ジーンズ

farmerke

スカート

suknja

ブラウス

bluza

シャツ

košulja

セーター

džemper

パーカー

džemper s kapuljačom

ブレザー

sako

ジャケット

jakna

コート

kaput

レインコート

kabanica

服装

kostim

ドレス

haljina

ウェディングドレス

venčanica

衣服 - odeća

スーツ

odelo

ナイトガウン

spavaćica

パジャマ

pidžama

サリー

sari

ヘッドスカーフ

marama za glavu

ターバン

turban

ブルカ

burka

カフタン

kaftan

アバヤ

abaja

水着

kupaći kostim

トランクス

kupaće gaćice

半ズボン

kratke pantalone

スウェットスーツ

odeća za trening

エプロン

kecelja

手袋

rukavice

衣服 - odeća

ボタン

dugme

メガネ

naočare

ブレスレット

narukvica

ネックレス

ogrlica

指輪

prsten

イヤリング

naušnica

帽子

kapa

ハンガー

vešalica

帽子

šešir

ネクタイ

kravata

ファスナー

patent zatvarač

ヘルメット

kaciga

サスペンダー

naramenice

制服

školska uniforma

ユニフォーム

uniforma

よだれかけ

podbradak

おしゃぶり

duda

おむつ

pelena

オフィス
kancelarija

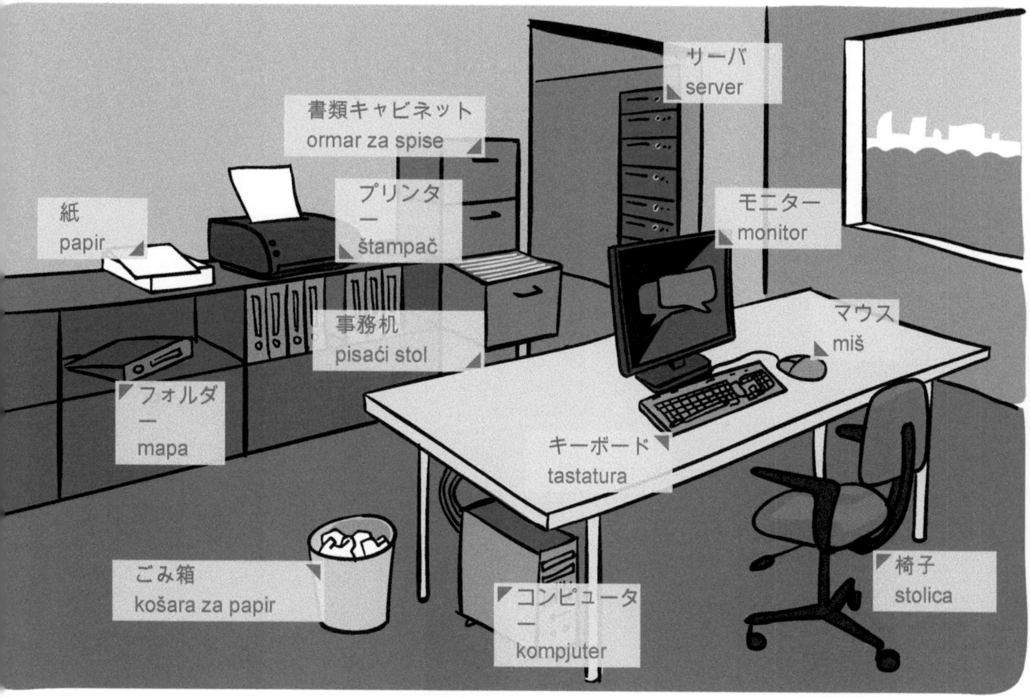

サーバ
server

書類キャビネット
ormar za spise

プリンター
štampač

モニター
monitor

紙
papir

マウス
miš

事務机
pisaći stol

フォルダー
mapa

キーボード
tastatura

ごみ箱
košara za papir

コンピューター
kompjuter

椅子
stolica

コーヒーマグ

šalica za kavu

計算機

kalkulator

インターネット

internet

ラップトップ

laptop

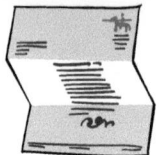

手紙

pismo

メッセージ

poruka

携帯電話

mobilni telefon

ネットワーク

mreža

コピー機

uređaj za kopiranje

ソフトウェア

softver

電話

telefon

コンセント

utičnica

ファックス

faks

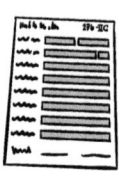

フォーム

formular

書類

dokument

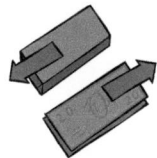

買う

kupovati

支払う

platiti

取引する

trgovati

お金

novac

ドル

dolar

ユーロ

evro

円

jen

ルーブル

rublja

スイスフラン

švajcarski franak

人民元

renmindbi juan

ルピー

rupija

キャッシュポイント

automat za novac

両替所

menjačnica

金

zlato

銀

srebro

油

nafta

エネルギー

energija

価格

cena

契約

ugovor

税金

porez

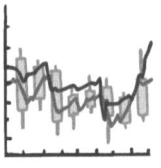

株

deonica

働く

raditi

従業員

službenik

雇用主

poslodavac

工場

fabrika

ショップ

prodavnica

職業

zanimanja

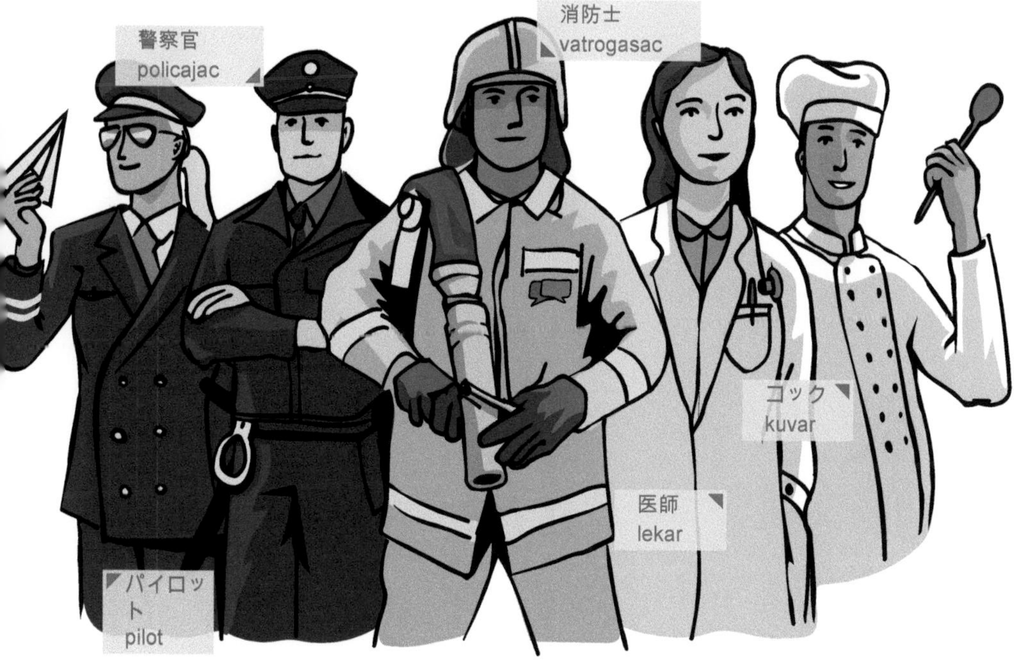
警察官
policajac
消防士
vatrogasac
コック
kuvar
医師
lekar
パイロット
pilot

庭師

vrtlar

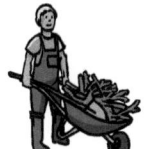

大工

stolar

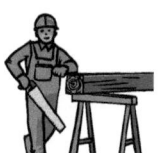

お針子

krojačica

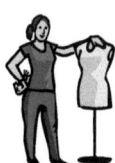

裁判官

sudija

化学者

hemičar

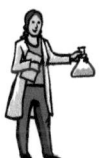

俳優

glumac

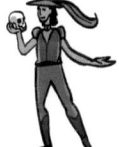

バスの運転手

vozač autobusa

タクシー運転手

vozač taksija

漁師

ribar

掃除婦

čistačica

屋根ふき職人

krovopokrivač

ウェイター

konobar

ハンター

lovac

塗装工

slikar

パン屋

pekar

電気工

električar

建設作業員

građevinski radnik

エンジニア

inženjer

肉屋

mesar

配管工

limar

郵便配達人

poštar

軍人

vojnik

建築家

arhitekta

レジ係

blagajnik

花屋

cvećar

美容師

frlzer

車掌

kondukter

機械工

mehaničar

キャプテン

kapetan

歯科医

zubar

科学者

naučnik

ラビ

rabi

イスラム導師

imam

修道士

monah

牧師

svećenik

道具
alati

ハンマー
čekić
くぎ抜き
klešta
ドライバー
odvijač
スパナ
ključ za zavrtnje
懐中電灯
džepna lampa

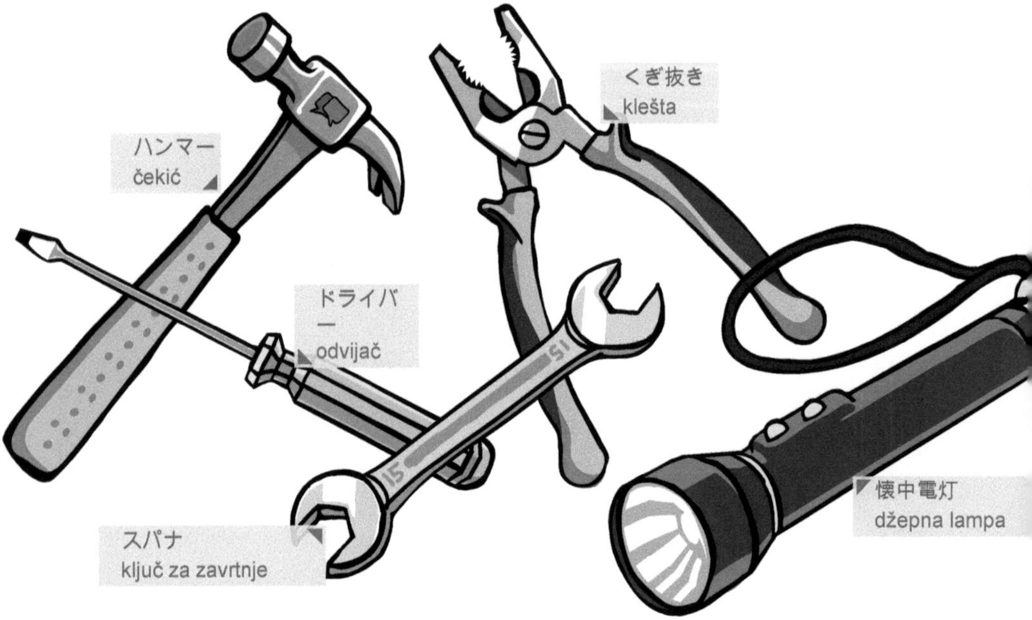

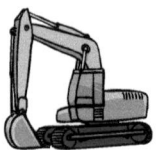

掘削機

bager

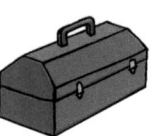

道具箱

kutija za alat

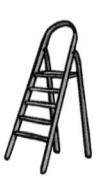

はしご

merdevine

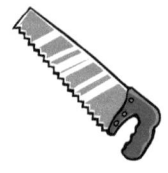

のこぎり

pila

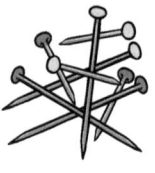

釘

ekser

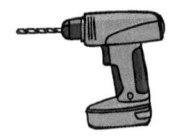

ドリル

bušilica

修理する
popraviti

シャベル
lopata

クソ！
do đavola!

ちりとり
lopatica

ペンキ缶
lonac za boju

ネジ
zavrtanji

楽器
muzički instrument

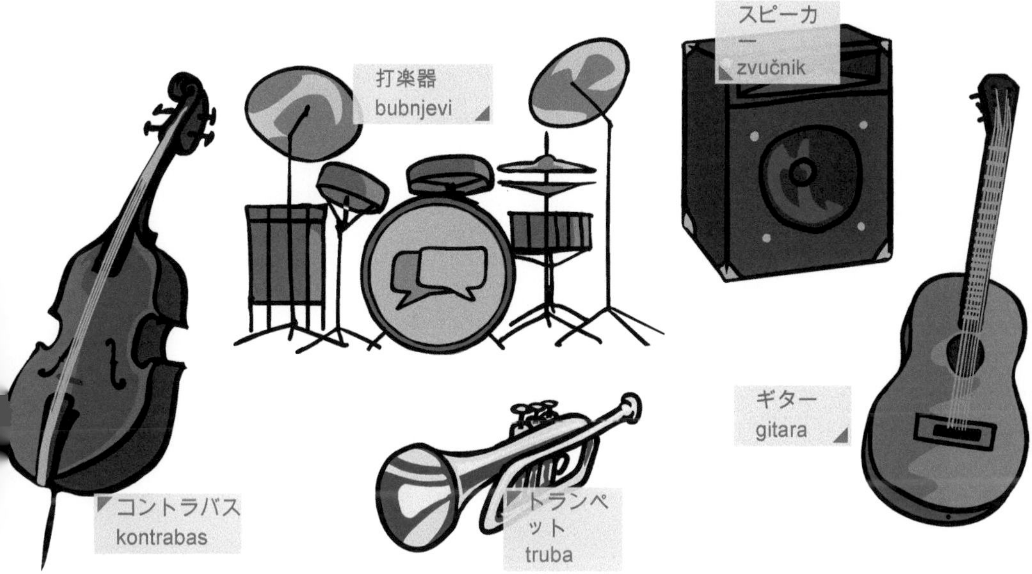

打楽器
bubnjevi

スピーカー
zvučnik

ギター
gitara

コントラバス
kontrabas

トランペット
truba

ピアノ

klavir

バイオリン

violina

バス

bas

ティンパニ

timpani

ドラム

udaraljke za bubnjeve

キーボード

tipke klavira

サックス

saksofon

フルート

flauta

マイクロフォン

mikrofon

楽器 - muzički instrument

動物園

zoološki vrt

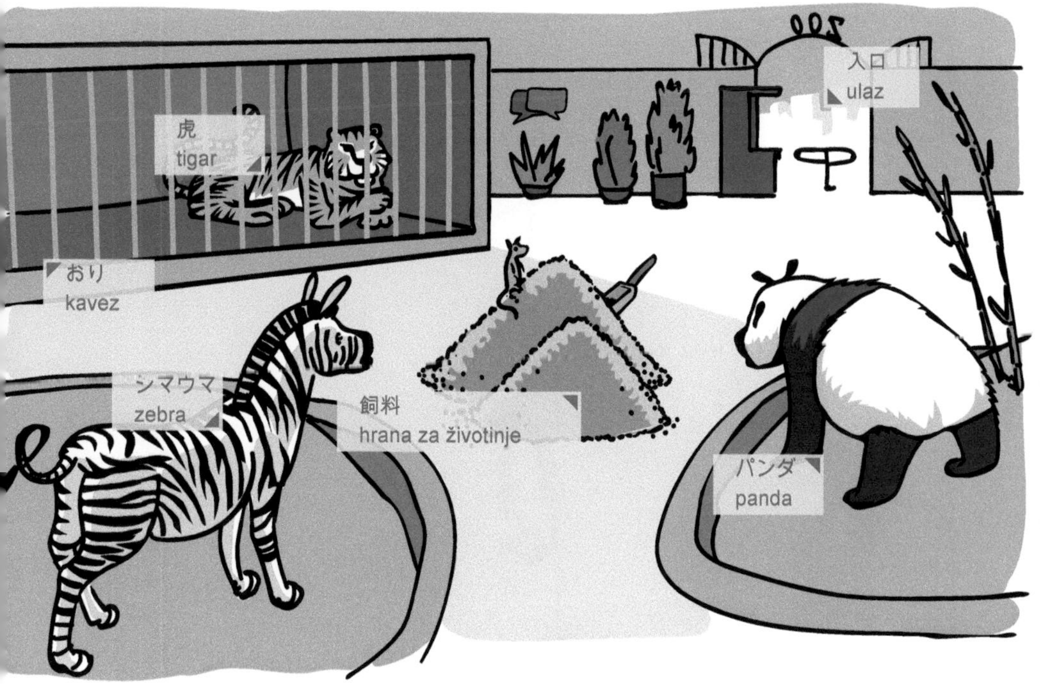
入口
ulaz
虎
tigar
おり
kavez
シマウマ
zebra
飼料
hrana za životinje
パンダ
panda

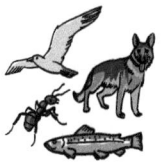

動物

životinje

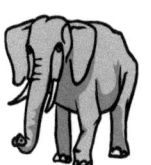

象

slon

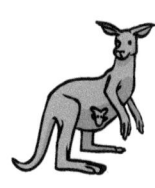

カンガルー

kengur

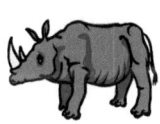

サイ

nosorog

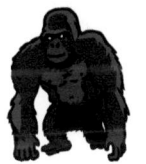

ゴリラ

gorila

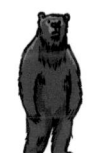

熊

medved

ラクダ

kamila

ダチョウ

noj

ライオン

lav

猿

majmun

フラミンゴ

flamingo

オウム

papagaj

白クマ

polarni medved

ペンギン

pingvin

サメ

ajkula

クジャク

paun

蛇

zmija

ワニ

krokodil

飼育係

čuvar u zoološkom vrtu

アザラシ

tuljan

ジャガー

jaguar

ポニー

poni

ヒョウ

leopard

カバ

nilski konj

キリン

žirafa

鷲

orao

雄豚

divlja svinja

魚

riba

亀

kornjača

セイウチ

morž

狐

lisica

ガゼル

gazela

動物園 - zoološki vrt

アメフト
američki nogomet

サイクリング
biciklizam

テニス
tenis

バスケット
ボール
košarka

水泳
plivanje

ボクシング
boks

アイスホッケー
hokej na ledu

サッカー
fudbal

バドミントン
badminton

陸上競技
atletika

ハンドボール
rukomet

スキー
skijanje

ポロ
polo

活動
aktivnosti

跳ぶ
skočiti
抱きしめる
zagrliti
笑う
smejati se
歩く
ići
歌う
pevati
夢見る
sanjati
祈る
moliti se
キス
poljubiti

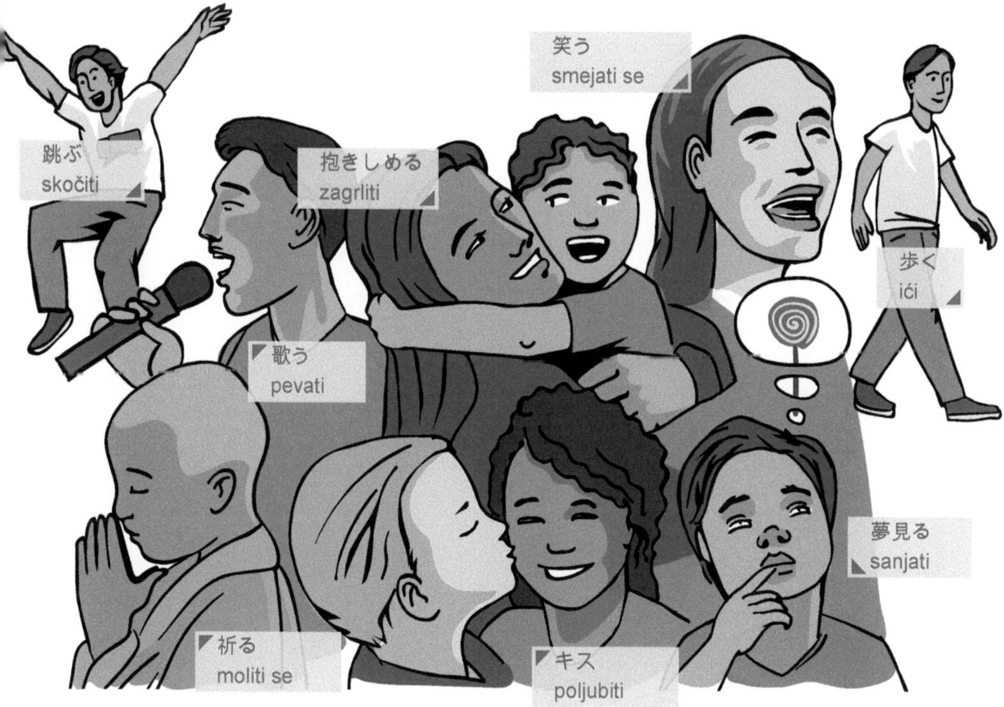

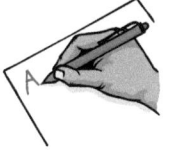

書く
pisati

描く
crtati

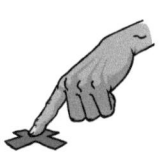

示す
pokazati

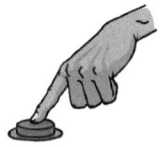

押す
gurati

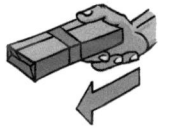

与える
dati

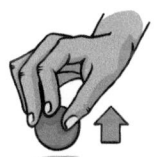

取る
uzeti

持っている
imati

する
činiti

ある
biti

立つ
stojati

走る
trčati

引く
povlačiti

投げる
baciti

落ちる
padati

横たわっている
ležati

待つ
čekati

運ぶ
nositi

座る
sediti

着る
oblačiti

眠る
spavati

目が覚める
probuditi se

見る

gledati

泣く

plakati

なでる

milovati

櫛ですく

češljati

話す

govoriti

理解する

razumeti

質問する

pitati

聞く

slušati

飲む

piti

食べる

jesti

片づける

pospremiti

愛する

voleti

料理する

kuhati

運転する

voziti

飛ぶ

leteti

ヨットに乗る

pl/oviti

計算する

računati

読む

čitati

学ぶ

učiti

働く

raditi

結婚する

venčati se

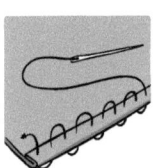

縫う

šiti

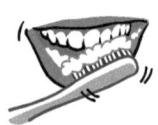

歯を磨く

prati zube

殺す

ubiti

喫煙する

pušiti

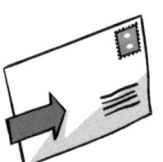

送る

poslati

祖母 baka

祖父 deda

父 otac

母 majka

赤ん坊 beba

娘 kćerka

息子 sin

お客様

gost

おば

tetka

おじ

ujak, stric

兄弟

brat

姉妹

sestra

体

telo

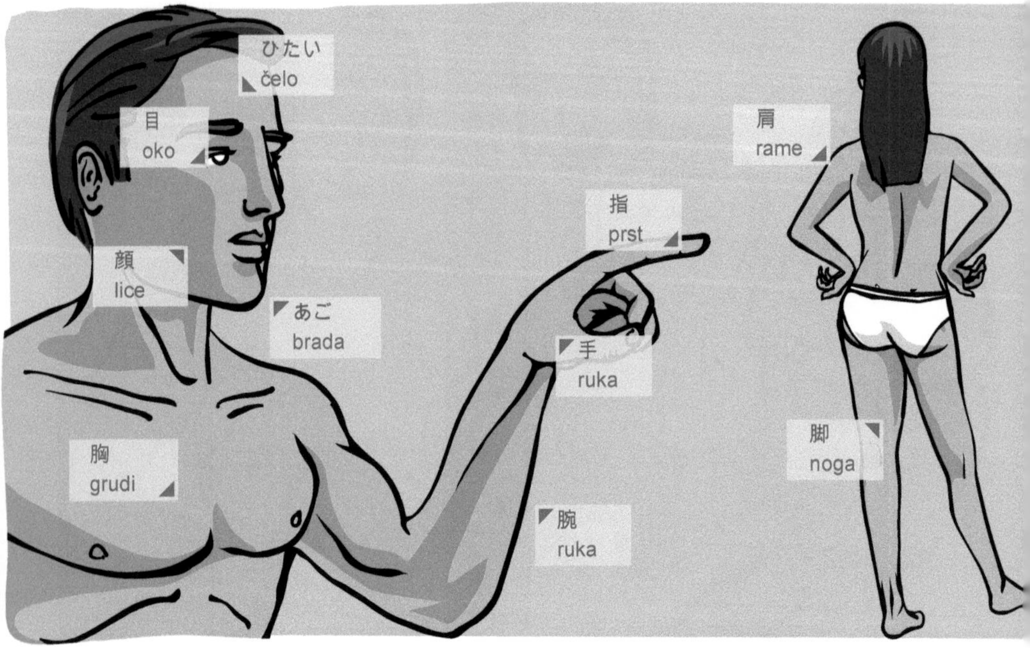
ひたい
čelo
目
oko
肩
rame
指
prst
顔
lice
あご
brada
手
ruka
胸
grudi
脚
noga
腕
ruka

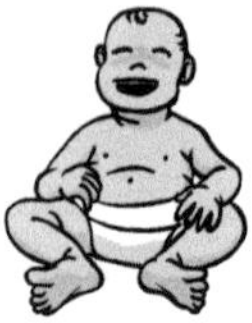

赤ん坊

beba

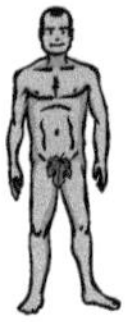

男性

muškarac

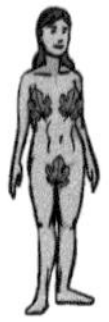

女性

žena

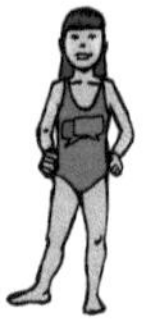

少女

devojčica

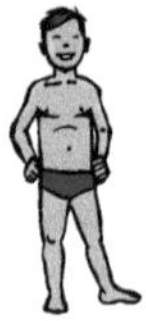

少年

dečak

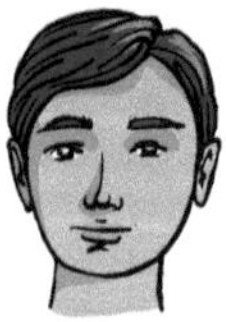

頭

glava

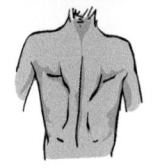

背中

leđa

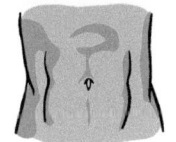

腹

stomak

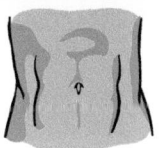

へそ

pupak

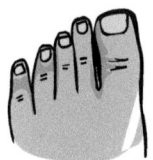

足指

nožni prst

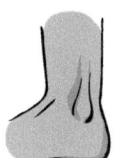

かかと

peta

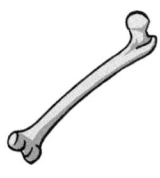

骨

kost

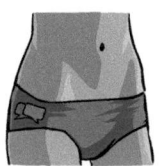

腰

kukovi

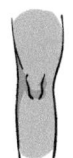

ひざ

koleno

ひじ

lakat

鼻

nos

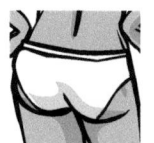

尻

zadnjica

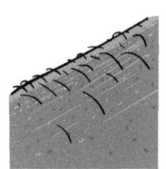

皮膚

koža

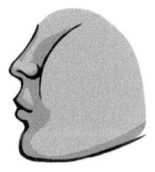

頬

obraz

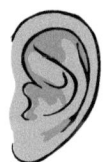

耳

uvo

唇

usna

体 - telo

口
usta

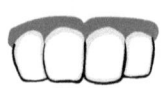

歯
zub

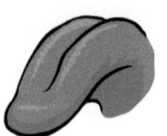

舌
jezik

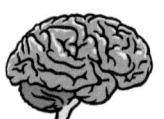

脳
mozak

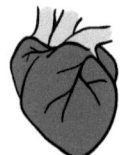

心臓
srce

筋肉
mišić

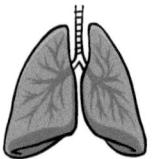

肺
pluća

肝臓
jetra

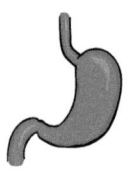

胃
želudac

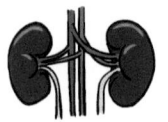

腎臓
bubrezi

セックス
polni odnos

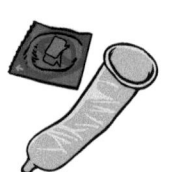

コンドーム
kondom

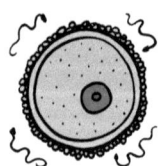

卵細胞
jajna ćelija

精液
sperma

妊娠
trudnoća

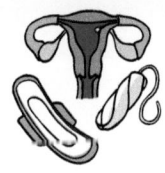

月経

menstruacija

膣

vagina

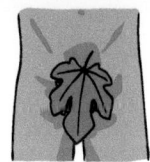

ペニス

penis

眉

obrva

髪

коза

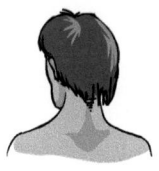

首

vrat

病院
bolnica

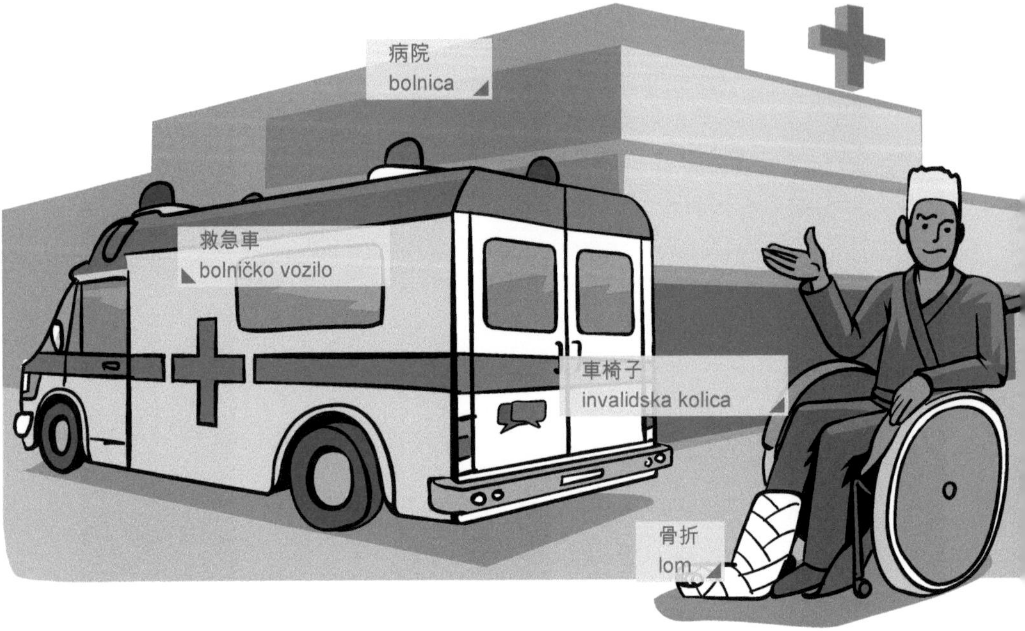

救急車
bolníčko vozilo

車椅子
invalidska kolica

骨折
lom

医師

lekar

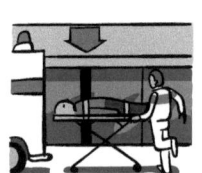

救急治療室

hitna medicinska služba

看護師

medicinska sestra

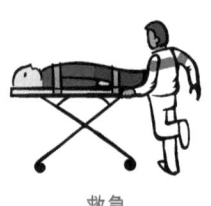

救急

hitni slučaj

失神

nesvest

痛み

bol

けが

povreda

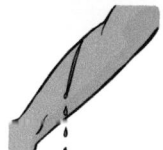

出血

krvarenje

心臓発作

srčani udar

脳卒中

udar

アレルギー

alergija

咳

kašalj

熱

groznica

インフルエンザ

gripa

下痢

proliv

頭痛

glavobolja

癌

rak

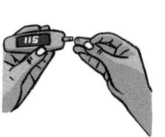

糖尿病

dijabetes

外科医

hirurg

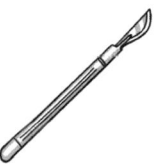

外科用メス

skalpel

手術

operacija

CT

ct

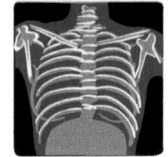

レントゲン

rentgen

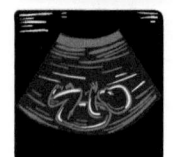

超音波

ultrazvuk

マスク

maska

病気

bolest

待合室

čekaona

松葉づえ

štaka

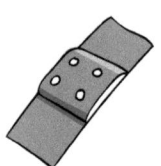

ばんそうこう

flaster

包帯

zavoj

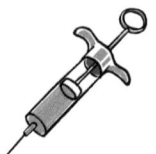

注射

injekcija

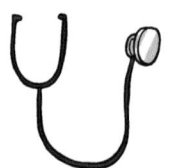

聴診器

stetoskop

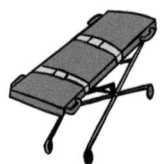

担架

nosila

体温計

termometar

出産

rođenje

肥満

prekomerna težina

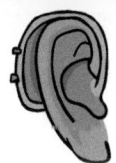

補聴器

slušni aparat

消毒剤

sredstvo za dezinfekciju

感染

infekcija

ウイルス

virus

HIV / エイズ

HIV / AIDS

内服薬

medicina

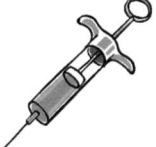

予防接種

vakcinacija

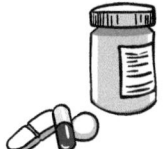

錠剤

tablete

ピル

pilula

緊急電話

hitni poziv

血圧計

uređaj za merenje pritiska

病気の / 健康な

bolesno / zdravo

助けて！

pomoć!

アラーム

alarm

暴行

nasrtaj

攻撃

napad

危険

opasnost

非常口

izlaz u slučaju nužde

火事だ！

požar!

消火器

protivpožarni aparat

事故

nezgoda

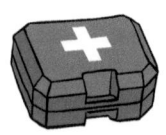

救急箱

kutija prve pomoći

SOS

sos

警察

policija

ヨーロッパ

Evropa

北米

Severna Amerika

南米

Južna Amerika

アフリカ

Afrika

アジア

Azija

オーストラリア

Australija

大西洋

Atlantik

太平洋

Pacifik

インド洋

Indijski okean

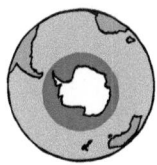

南極海

Antarktički okean

北極海

Arktički ocean

北極

Severni pol

南極
Južni pol

南極大陸
Antarktik

地球
zemlja

陸
zemlja

海
more

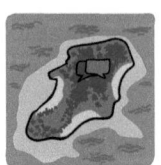

島
otok

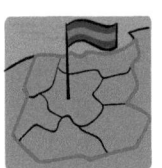

国家
nacija

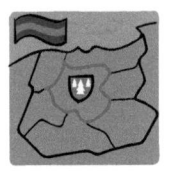

国家
država

文字盤

brojčanik sata

短針

satna kazaljka

長針

minutna kazaljka

秒針

sekundna kazaljka

何時ですか？

Koliko je sati?

日

dan

時間

vreme

現在

sada

デジタル時計

digitalni sat

分

minuta

時間

čas

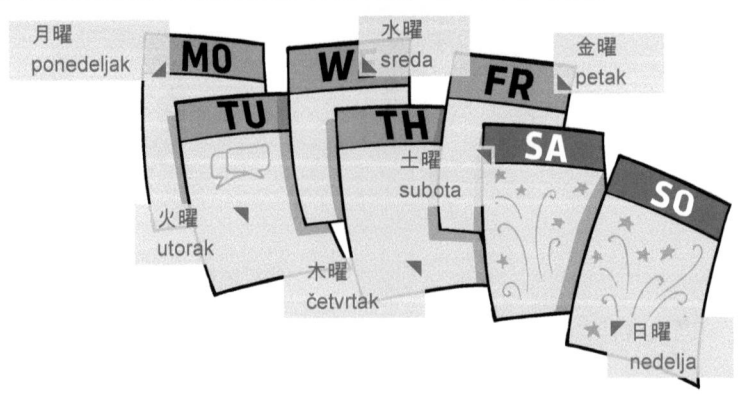

月曜 ponedeljak
水曜 sreda
金曜 petak
火曜 utorak
土曜 subota
木曜 četvrtak
日曜 nedelja

昨日

juče

今日

danas

明日

sutra

朝

jutro

昼

podne

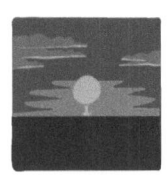

夜

veče

MO	TU	WE	TH	FR	SA	SU
1	2	3	4	5	6	7
8	9	10	11	12	13	14
15	16	17	18	19	20	21
22	23	24	25	26	27	28
29	30	31	1	2	3	4

営業日

radni dani

MO	TU	WE	TH	FR	SA	SU
1	2	3	4	5	6	7
8	9	10	11	12	13	14
15	16	17	18	19	20	21
22	23	24	25	26	27	28
29	30	31	1	2	3	4

週末

vikend

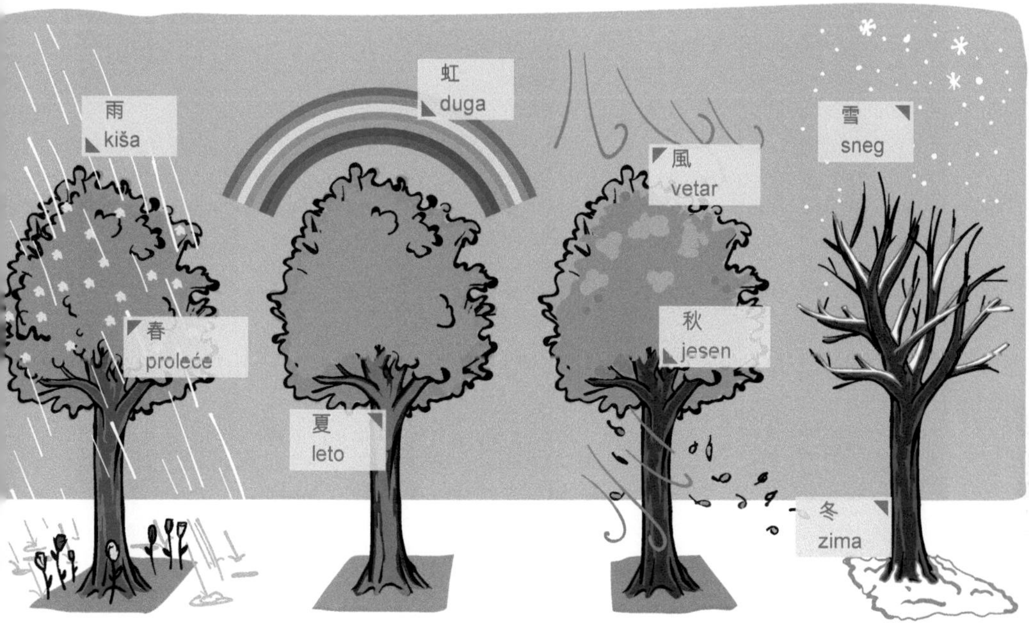

雨
kiša

虹
duga

風
vetar

雪
sneg

春
proleće

夏
leto

秋
jesen

冬
zima

天気予報

meteorološka prognoza

温度計

termometar

日差し

sunčana svetlost

雲

oblak

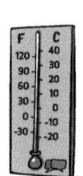

霧

magla

湿度

vlažnost vazduha

雷

munja

雷

grmljavina

嵐

oluja

ひょう

tuča

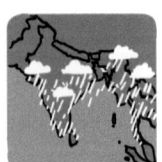

季節風

monsun

洪水

poplava

氷

led

1月

januar

2月

februar

3月

mart

4月

april

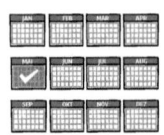

5月

maj

6月

juni

7月

juli

8月

avgust

年 - godina

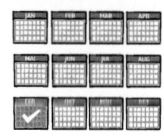

9月
....
septembar

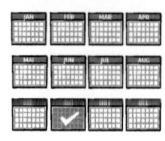

10月
....
oktobar

11月
....
novembar

12月
....
decembar

形

oblici

円
....
krug

正方形
....
kvadrat

長方形
....
pravougao

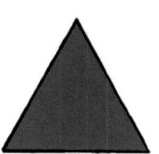

三角
....
trougao

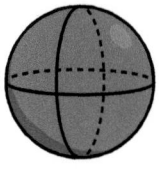

球
....
kugla

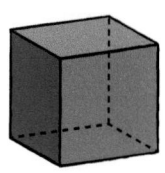

立方体
....
kocka

boje

白
bela

黄
žuta

オレンジ
narandžasta

ピンク
ružičasta

赤
crvena

紫
ljubičasta

青
plava

緑
zelena

茶
smeđa

灰色
siva

黒
crna

多い / 少ない

mnogo / malo

怒っている /
落ち着いている
ljutito / mirno

美しい / 醜い

lepo / ružno

初め / 終わり

početak / kraj

大きい / 小さい

veliko / maleno

明るい / 暗い

svetlo / tamno

兄弟 / 姉妹

brat / sestra

清潔な / 汚い

čisto / prljavo

完全な / 不完全な

potpuno / nepotpuno

日中 / 夜

dan / noć

死んだ / 生きている

mrtvo / živo

幅広い / 狭い

široko / usko

食べられる /
食べられない
jestivo / nejestivo

悪意のある / 親切な
zlo / dobro

興奮している /
退屈じている
uzbuđeno / dosadno

太った / 痩せた
debelo / mršavo

最初に / 最後に
na početku / na kraju

友人 / 敵
prijatelj / neprijatelj

いっぱいの / 空の
puno / prazno

硬い / 柔らかい
tvrdo / mekano

重い / 軽い
teško / lagano

空腹 / 喉の渇き
glad / žeđ

病気の / 健康な
bolesno / zdravo

違法な / 合法な
ilegalno / legalno

賢い / 愚かな
pametno / glupo

左に / 右に
levo / desno

近い / 遠い
blizu / daleko

新しい / 中古の

novo / polovno

何もない / 何かある

ništa / nešto

老いた / 若い

staro / mlado

オン / オフ

uključeno / isključeno

開いている /
閉まっている

otvoreno / zatvoreno

静かな / うるさい

tiho / glasno

裕福な / 貧乏な

bogato / siromašno

正しい / 間違っている

tačno / pogrešno

粗い / なめらか

hrapavo / glatko

悲しい / 幸せな

tužno / sretno

短い / 長い

kratko / dugo

ゆっくり / 速い

polako / brzo

濡れた / 乾いた

mokro / suho

温かい / 冷たい

toplo / hladno

戦争 / 平和

rat / mir

反対 - suprotnosti

0

ゼロ

nula

1

1

jedan

2

2

dva

3

3

tri

4

4

četiri

5

5

pet

6

6

šest

7

7

sedam

8

8

osam

9

9

devet

10

10

deset

11

11

jedanaest

12
12
dvanaest

13
13
trinaest

14
14
četrnaest

15
15
petnaest

16
16
šestnaest

17
17
sedamnaest

18
18
osamnaest

19
19
devetnaest

20
20
dvadeset

100
100
stotinu

1.000
1000
hiljadu

1.000.000
100万
milion

数 - brojevi

英語

engleski

アメリカ英語

američki engleski

中国標準語

mandarinski kineski

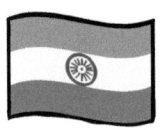

ヒンディー語

hindski

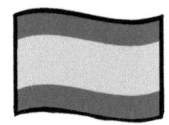

スペイン語

španski

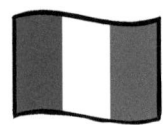

フランス語

francuski

アラビア語

arapski

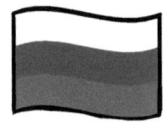

ロシア語

ruski

ポルトガル語

portugalski

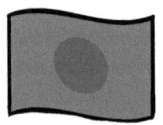

ベンガル語

bengalski

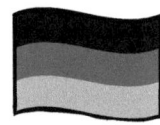

ドイツ語

nemački

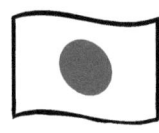

日本語

japanski

私
ja

あなた
ti

彼 / 彼女 / それ
on / ona / ono

私たち
mi

あなたたち
vi

彼ら
oni

誰？
Ko?

何？
Šta?

どうやって？
Kako?

どこ？
Gde?

いつ？
Kada?

名前
ime

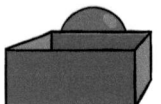

後ろ

iza

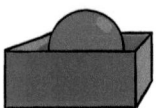

中

u

前

ispred

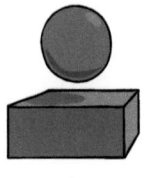

上

preko

上

na

下

ispod

横

pored

間

između

場所

mesto